JN410953

그리움의 시편들—

심형준 시집

솟대

지은이의 변

하늘을 날고 싶은 소망을 위해

솟대가 좋아서 솟대를 세우고, 솟대가 좋아서 솟대 시를 쓴다.

내가 지금껏 이처럼 솟대를 좋아하는 건, 어쩌면 아직도 못다 이룬 꿈이 있기 때문인지도 모르겠다. 아직도 못다 부른 노래가 있기 때문인지도 모르겠다.

아마도 먼 옛날 무지개다리 저 너머에 있을 꿈을 좇아 논두렁 밭두렁을 엎어지며 넘어지며 내달리던 그 때에 머물러 있는지도 모르는 내 미숙함이 이 한 권의 시집으로 남게 되지 않았나 싶다.

평생을 나름대로 글 속에서만 살아왔다.

보다 고운 말로 소설을 쓰고 싶어 끊임없이 시를 쓴다.

또한 이 세상을 떠나기 전에, 꼭 많은 사람들이 즐겨 부를 노랫말 하나쯤을 남기고 싶어 쉼 없이 시를 쓴다. 그것이 동요이든, 가곡이든, 유행가든 상관없다. 많은 사람들에게 즐거움만 줄 수 있으면 된다고 생각한다.

그 어느 순간까지 열심히 소설을 쓰고, 성실히 시를 쓸 것이다.

특히 이번 이 시집은 영남대학 교수를 지낸 조각가 소강 정은기 척형과 함께, 2009년 1월 20일부터 23일까지 김천파크호텔에서 갖는 「시와 솟대의 어울 마당」을 기념해서 발간하는 것이라 그 의미를 더한다 하겠다.

이번에도 기꺼이 제자를 써주신 남석 형님께 머리 조아려 고마움의 절을 올린다.

이 시집이 나오기까지 애써 주신 도서출판 지성의 샘 가족들에게 고맙다는 말을 전한다.

2009. 1. 1.

黃鶴山房 守鄕齋에서 黃溪 심형준

CONTENTS

솟대 마당

지팡이 마당

아버지가 지훈이에게 주는 시

사랑 마당

하늘바라기

솟대 마당

솟대 · 1

장대 끝에 앉아
찬란한 비상을 예비하는 새
저 높은 곳을 향한
의지에 불타는 기러기야
내 이 소박한 꿈
내 거짓 없는 사랑까지
저기 천상의 주인께 전하여 주렴

—2008. 2. 1 수향재에서

솟대 · 2

날아라 새야
날아라 새야
저 하늘 흘러가는 흰구름보다
밤하늘 빤짝이는 북극성보다
힘차게 날아라 새야
드높이 날아라 새야
너한테 우리의 꿈이 담겨 있고
너한테 우리의 염원이 실려 있다
날아라 새야
날아라 새야

—2008. 2. 29 황악을 오르며

솟대 · 3

기러기가 마냥 북녘을 응시하는 건
거기에 거룩한 그 분이 계시기 때문이야
기러기가 여태껏 창공을 차오르지 않는 건
이 땅에 남은 미련이 너무 많은 때문이야

언젠가 모든 것 다 훌훌 털고
고고한 날개짓을 하는 날
하늘은 분명 다시 열릴 것이리라
땅엔 온통 축복으로 넘쳐나리라

아직도 이루고 싶은 꿈이 있어
하늘 높이 연鳶을 날리고
아직도 못다 채운 사랑이 있어
하늘 높이 솟대를 세우는 거야

훠월 훨 훠월 훨

그때까지 우리는
기러기의 위대한 비상을 찬미하는 거야
그때까지 우리는
기러기의 위대한 비상을 노래하는 거야

—2008. 3. 1 황악을 오르며

솟대 · 4

저 하늘이 저토록 눈부시게 파란 건
누군가가 너무너무 그리워
가슴이 멍든 때문이야
저 하늘에 뭉게구름이
저토록 탐스럽게 피어나는 건
아직도 누군가를 죽도록 사랑하는
애태움이 있기 때문이야
저 하늘이 끝없이 높다란 건
내 작은 소망을 담은
솟대 하나를 세우라는
신의 배려 때문인 거야

—2008. 3. 2 수향재에서

솟대 · 5

장대 끝에 앉은 새가
기러기면 어떻고
오리면 어떻고
갈매기면 어떻고
신대륙 원래 주인들이 신성시하는
까마귀면 또 어떨까
채워도 채워지지 않는
내 가슴속의 그 무엇
언제나 외로움에 절어 있는 내 영혼을
저 하늘에 전해 주는
성실하고 믿음직한
메신저면 족한 것을—
새야
너는 하늘과 땅 사이의
평화의 전령이다
새야
너는 하늘과 땅 사이의
사랑의 전령이다

—2003. 3. 2 수향재에서

솟대 · 6

누군가
하늘을 받드는 이 있어
하늘이 저토록 높은지 몰라
누군가
땅을 아끼는 이 있어
땅이 이토록 아름다운지 몰라
정녕
땅과 하늘을 맘껏 오고가는
네가 부럽구나
네가 부럽구나
–2008. 3. 2 대전가는 열차 안에서

솟대 · 7

단군 할아버님께서
이 땅에 나라를 여신 지 300년 경
우리 할아버지의 할아버지
그 위의 위 할아버지…
또 할아버지가
돌을 쪼개어 쓰다
돌을 갈아서 쓰다가
마침내
청동으로 생활용기를 만들어 썼던 그 때부터
너는 한결 같이 그 자리에 그대로 앉아
찬란한 비상을 꿈꾸어 왔겠지
아니다
분명 너는
유성우流星雨가
황홀하게 쏟아져 내리는 야심한 밤
그야말로 쥐도 새도 모르도록
밤마다 미리내를 따라
위대한 날개를 펴왔으리라
우리의 업보가 너무 많아
3천 수백 년을 맘 편히 쉬지 못하고
너는
이 밤에도
또 저 하늘로 날아올라서

천상의 그 분께 누를 끼치리라
오로지
인간들의 행복을 위하여
-2008. 3. 2 대전을 다녀오는 열차 안에서

솟대 · 8

철쭉 가지 잘라
증손자 증손녀 삼고
때죽나무 가지 잘라
손자 손녀 삼고
쪽동백 가지 잘라
아들 딸 며느리 사위 삼고
소나무 혹 몸을 빌어
부부로 만난 우리 내외
재밌게 뻗은 소나무 가지를
아버지 어머니로 섬긴다

5대가 오순도순
한자리에 모여앉아
한마음으로 북녘을 향한
비상을 꿈꾼다

다 늙어빠진
부모를 내다버리는
못된 인간들 보란 듯이
자식을 제 손으로 죽이는
짐승만도 못한 인간들 보란 듯이

오늘도

우리 가족은
인간들의 죄업을 저마다 나누어 지고
어금니 사려 물며
하늘을 박차고 오른다
그 분을 찾아
먼 먼 길을 나선다
-2008. 3. 5 황악을 오르며

솟대 · 9

침대맡에
솟대 일가족을 세워 놓고
잠을 청한다
꼭
좋은 꿈을 꿀 것 같아
가슴이 설렌다
꼭
소망이 이뤄질 것 같아
기대가 된다
꼭
내 기도를
하늘에 전해줄 것 같아
믿음이 간다
꼭
못다 이룬 내 꿈이
이루어질 것 같아
행복하다
방안에
솟대들을 세운 뒤로
내 마음 먼저
저 하늘로 둥실둥실 떠오른다

−2008. 3. 7 수향재에서

솟대 · 10

하늘을 섬기는 자
솟대를 세워라
땅을 믿는 자
솟대를 세워라
하늘엔 진리를
땅엔 사랑을
하늘 땅
숨 가쁘게 오가며
기러기는
충직한 메신저가 된다
믿으며 살자
지키며 살자
순수를 생의
첫 번째 덕목으로 삼고 살자

—2008. 3. 8 황악을 오르며

솟대 · 11

장대 끝 높다랗게 앉은
저 새들은
날마다
포르릉포르릉
날아갔다가
제가끔
반가운 소식 하나씩을 물어 온다

장대 끝 높다랗게 앉은
저 새들은
밤마다
포르릉포르릉
날아갔다가
저마다
고운 별 하나씩을 물어 온다

장대 끝 높다랗게 앉은
저 새들은
밤낮 없이
포르릉포르릉
날아갔다가
제각기
행운 한 입씩을 물어 온다

－2008. 3. 8 수향재에서

솟대 · 12

언제부터였을까
동구 밖에서
장승과 벗하던 솟대가
방안 깊숙이 자리한 지가

언제부터였을까
우리 어머니의 할머니 또 할머니의
소망을 마다 않고 들어주던 솟대가
문갑 위의 한갓 장식물로 전락한 지가

언제부터였을까
가꾸지 않은 산골 여인네 같은
수수한 모습이던 솟대가
작고 앙증맞은 모습으로 바뀐 지가

세상은 이제
솟대의 본래 역할을 믿지 않는다
오로지 전통미를 살린
액세서리로서 제 몫을 강요할 뿐이다

아무려면 어떨까
방안에 솟대를 들여놓은 후
꼭 무슨 좋은 일이 생길 것 같아
이토록 기분이 좋으면 됐지

—2008. 3. 9 수향재에서

솟대 · 13

저 하늘에
아련한 그리움 있어
솟대를 세운다
저 하늘에
막연한 동경憧憬 있어
솟대를 세운다
저 하늘에
핏빛 진한 노스탤지어 있어
솟대를 세운다
아무리 목을 젖혀 우러러봐도
아무리 한껏 팔을 벌려봐도
하늘은
선뜻
가슴속에 안겨들지 않는다
그래도
이대로 그냥 체념하기엔
너무 아쉬움 많아
또다시
솟대를 세운다
자꾸만
솟대를 세운다
하늘이
가슴속에 안겨들 때까지

—2008. 3. 13 황악을 오르며

솟대 · 14

날마다
고운 노래로
알록달록
예쁜 무지개를 피웠네요

밤마다
작은 별들을 물어다
빤짝빤짝
미리내를 만들었네요

밤낮없이
예쁜 꽃잎을 주워 모아
소곤소곤
사랑의 속삭임을 들려주네요

님이 있어
세상은 아름다운가 봐요
님이 있어
세상은 살만한가 봐요

–2008. 3. 26 수향재에서

솟대 · 15

저 하늘에 누가 있어
저토록 아련한 그리움이
뭉실뭉실
뭉게구름으로 피어나는가

저 하늘에 누가 있어
저토록 기쁜 꿈이
빤짝빤짝
밤하늘에 아기별로 태어나는가

저 하늘에 누가 있어
저토록 간절한 소망이
애글애글
눈부신 햇살로 쏟아지는가

다가갈 수 없는 하늘
닿을 수 없는 그 곳이기에
나는 오늘도 핏빛 기도를 담아
높다랗게 높다랗게 솟대를 세운다

-2008. 4. 4 수향재에서

솟대 · 16

날고 싶다
날고 싶다
꿈을 잃어버린
아이들을 위해
저 하늘의 흰구름이 되고 싶다

날고 싶다
날고 싶다
서정抒情을 맛보지 못한
아이들을 위해
밤하늘의 별이 되고 싶다

날고 싶다
날고 싶다
저 하늘 어딘가에 노을져 있을
그리움을 찾아 길 나서고 싶다

날고 싶다
날고 싶다
저 하늘 어딘가에 배어 있을
향수를 찾아 먼 길을 떠나고 싶다

—2008. 4. 5 수향재에서

솟대 · 17

네 입으로
고운 노래 한마디 불러주면
산에 들에
예쁜 꽃들이 피어나고
네 입으로
고운 노래 한마디 불러주면
손 시린 뜨락에
햇살 한 가닥이 따사롭고
네 입으로
고운 노래 한마디 불러주면
깜깜한 밤하늘에
별이 하나 둘 생겨난다
너는 그리움이다
너는 꿈이다
너는 소망이다
너는 기도이다
너는 영원한 동경이다
솟대여
솟대여
그리다
끝내 목이 메는
서러운 내 노스탤지어여

—2008. 4. 10 수양재에서

솟대 · 18

그리움은 끝이 없습니다
기다림은 끝이 없습니다
누군가를 그리는 것은
연분홍빛 행복입니다
누군가를 기다리는 건
간절한 애태움입니다
그리움이 없는 세상
기다림이 없는 세상
고운 노래 한마디가 없는 세상
예쁜 꽃 한 송이가 없는 세상입니다
오늘도
장대 위의 그들은
그리움을 노래하며
마냥 그립니다
기다림에 지쳐서도
하냥 기다립니다
-2008. 4. 15 수향재에서

솟대 · 19

아직도
하늘에 바람이 많아
솟대를 세운다
아직도
하늘에 빌 소망이 있어
솟대를 세운다
아직도
하늘 향한 그리움 남아
솟대를 세운다
아직도
못다 이룬 꿈이 있어
솟대를 세운다
이제
너희가 날아오를 차례다
이제
너희가
나를 위해 비상할 차례다
날아라 날아라 날아라
저 푸른 무한창공을 향해
힘껏 날아라 날아라
-2008. 4. 27 수향재에서

솟대 · 20

꿈꾸지 않는 솟대는 없다
소망이 없는 솟대는 없다
그리움을 모르는 솟대는 없다
한 번도 누군가의 눈에
저 하늘 높이 나는 모습을
보인 적 없어도
솟대는
꿈을 이루기 위해
소망을 이루기 위해
마냥
기다리고 있지만 않는다
찬란한 웅비를 위하여
두 날개 한껏 펼치고
의지에 불타는 눈빛으로
하늘을 응시한다
제가 솟아오를
저 높은 하늘을
-2008. 4. 29 수향재에서

솟대 · 21

별이 고운 밤이면
솟대는
가슴이 설렌다
앞서 길 떠난
님이 그리워 설레고
꼭
생각지 않은
행운이 올 것 같아 설렌다
별이 고운 밤에는
사춘기 소녀마냥
나팔꽃 덩굴 내다보이는
널따란 창가에 앉아
주르르
까닭 없이
눈물을 보인다
별이
유난히 아름다운 밤이면
솟대는
시인이 된다
화가가 된다
연주가가 된다
솟대는 솟대는 솟대는

–2008. 4. 30 대전 다녀오는 열차 안에서

솟대 · 22
–솟대의 꿈

아무도 눈여겨 보아주지 않아도
좋습니다
아무도 기억해 주지 않아도
좋습니다
그냥 이대로 한자리에 남아
먼 하늘 바라보며 꿈을 키우겠습니다
흰구름 흘려보내며
그리움에 애태우겠습니다
그 꿈이 끝내 무지개가 되더라도
괜찮습니다
그 그리움에 목이 말라
끝끝내 돌이 되어 굳어 버려도
괜찮습니다
하늘만 저처럼 활짝 열려 있으면
마냥 좋습니다
저 하늘에 별이 빤짝이면
더 없이 좋습니다
언젠가
저 높은 곳을 날아오를 꿈이 있는 한
이렇게 이렇게 행복합니다

–2008. 5. 26 황악산에서 돌아오는 길에 찻집 '샤카'에 들러

솟대 · 23

저 하늘에 누가 있어
날마다
저 하늘이 저리 파랄까
저 하늘에 누가 있어
밤마다
별자리가 저리 고울까
솟대는
날마다
해를 보며 큰 뜻을 품고
솟대는
밤마다
달을 보며
가슴 한가득 꿈을 키운다

−2008. 6. 9 수향재에서

솟대 · 24

누군가를 애타게
그리워하고 있다 솟대는
누군가를 죽도록
사랑하고 있다 솟대는
누군가를 위해 진정으로
기도하고 있다 솟대는
누군가를 위해 극진히
배려하고 있다 솟대는
-2008. 6. 12 수향재에서

솟대 · 25

기다리다 지쳐서
늘어난 목이어라
그리다 지쳐버린
애절한 눈빛이어라
채워도 채워도
채워지지 않는 빈 가슴이어라
천만 년 한결 같이
손 모으는 정성이여
아무도 보아주지 않는
한 송이 들꽃이면 어떠랴
버려진 듯 나뒹구는
한 덩이 조막돌이면
또 어떠랴
나의 꿈
나의 희망
나의 기원인
하늘을 향한
네 의지만 있으면
모두가 모두가 축복인 것을

—2008. 6. 13 황악산 하산길에

솟대 · 26

비가 오면
비가 와서 좋아요
눈이 오면
눈이 와서 좋아요
바람 불면
또 바람 불어 좋아요
어차피 날마다
해만 볼 순 없잖아요
어차피 밤마다
달만 볼 순 없잖아요
우산 없이 흠뻑 비에 젖어도
낭만적일 때가 있잖아요
머리 가득 함박눈을 뒤집어 써도
유난히 춥고 배고플 적도 있잖아요
바람결에 가볍게 휘날리는 머플러
생각만 해도 얼마나 멋져요
하지만
그 바람이 성나면 집도 날려 보내잖아요
더러는 변덕이 살맛나게 하는 것 아닌가요
비가 오나 눈이 오나 바람 불어도
좀처럼 흔들리지 않아요 솟대는

—2008. 6. 22 황악산 하산길에

솟대 · 27

미련도 지나치면 병이 됩니다
애착도 넘치면 병이 됩니다
집착은 고칠 수 없는 불치병이 됩니다
세상에 못 버릴 건 아무 것도 없습니다
세상에 못 잊을 건 아무 것도 없습니다
세상에 그 무엇도 내 것은 없습니다
좋았던 순간
아름다운 기억들이
짐이 되어 실리면 날 수가 없습니다

모두 다 훌훌히 털어버리고
한껏 날개를 펴자
명주실 가닥 같은 햇살 사이로
아기 눈마냥 말똥말똥한 별들 사이를
맘껏 날자
힘차게 날자

그 곳에는 욕심부릴 것들은 없습니다
그 곳에는 추한 것들은 없습니다
그 곳에는 오로지 고운 것들만 있습니다
그 곳에는 오로지 향기로운 것들만 있습니다

–2008. 6. 24 직지사를 산책하며

솟대 · 28

저 하늘엔 아픔 없는
사랑으로 가득 차 있습니다
저 하늘엔 고통 없는
평안으로 충만합니다
저 하늘엔 대가代價 없는
축복으로 넘쳐납니다
저 하늘엔 이별 없는
만남만 있습니다
하늘에는
하늘에는
우리들의 저 하늘엔
-2008. 6. 26 황악산 등산 중에

솟대 · 29

안개가 짙은 날은
외로움이 더하다
두터운 안개성에
꼼짝 없이 유폐된 것 같다
사람들로부터
철저히 따돌림당한 것 같다
어느 시간대에
꽁꽁 묶인 듯하다
아무리 발부둥치며
앞으로 나아가려 해도
조금도 나아가질 못한다
매양 그 자리를 맴돌 뿐이다
식은땀이 나고
호흡이 곤란하고
불안하고
어지럽고
영락없이
폐쇄공포 증상이다
안개도 짙으면
이처럼 나를 가둘 수 있나보다
안개도 짙으면
가까운 이웃과
단절의 아픔을 맛볼 수밖에 없나보다

—2008. 6. 29 대구 다녀오는 열차 안에서

솟대 · 30
–天 · 地 · 人

하늘을 우러러
존경과 낮춤을 배우고
땅을 굽어보며
포용과 배려를 알고
타인과의 만남을 통해
사랑과 신의를 익힌다
–2008. 6. 30 수향재에서

솟대 · 31

입 한 번 벙끗하면
꽃 한 송이 피어나고
입 한 번 벙끗하면
별 하나가 생겨나고
입 한 번 벙끗하면
고운 노래 울려 퍼진다
솟대야
네가 천사다
솟대야
네가 보살이다
솟대야
이 땅은
네가 있어 꿈이 있고
네가 있어 희망이 있다
솟대야
네가 있어
이 땅이 아직은 살 만한 곳이다

–2008. 7. 7 수향재에서

솟대 · 32

꿈꾼다고 이루어지는 건 아니다
그래도 꿈을 잃어선 안 된다
소망한다고 소망대로 되는 건 아니다
그래도 소망을 가져야 한다
기원한다고 들어주는 건 아니다
그래도 끊임없이 기원해야 한다
그리워한다고 다 만나지는 건 아니다
그래도 누군가를 그리워하며 살아야 한다
그래서 솟대를 세운다
그래서 솟대를 세운다

–2008. 7. 23 수향재에서

지팡이 마당

지팡이 · 1

젊어 한세월
컸던 꿈만큼
그 시절
세상 좁아라
열심히 뛰었던 꼭 그만큼

어느 사이
내가 누려온 삶의 무게가
지팡이 하나를 필요로 한다
보잘 것 없이 쇠잔해진 몸뚱어리가
지팡이 하나를 갖고 싶어 한다
등허리가 휘어지고
다리에 힘 쭉 빠지고

지난날은
추억의 갈피에 재워둔 채
잘 휘어진
나뭇가지 하나 가다듬어
왜소하고 볼품없어진
내 육신을 의지해야겠다
허투라도 지난 세월 아쉬워 말자
허투라도 가는 세월 붙잡으려 말자

어차피
내가 가야
또
누군가가 오는 것 아니던가
남은 세월 나의 벗되어
함께 할 내 지팡이여

-2003. 3. 2 수향재에서

지팡이 · 2

젊은 시절
열심히 긍정적으로
산 당신이기에
나이 들어
지팡이에 몸 의지하는 게
그렇게 보기 나쁘지 않네요
멋있게 늙어가는
당신이기에
들려진 지팡이가 자연스럽네요
고고하게
도도하게
살아온 당신이기에
지팡이까지
잘 어울리는 당신
어떤 일을 했던지
어떻게 살았던지
이제쯤은
다 보이는 게
인생이 아니던가요
감출 것도
감추어지지도 않는
황혼의 길녘에서
당당히

다가오는 세월을 맞는
당신께 박수를-
-2008. 3. 8 황악을 오르며

지팡이 · 3

-벼락맞은 대추나무

전생에 무슨 죄업 그리도 많아
천만 년 악연이랄
벼락을 맞았을까
한순간에 생명 잃고
볼품없는 고사목으로 남았다가
우연히 예인藝人의 눈에 띄어
지팡이로 다시 태어난 너
어느 올곧고 반듯하게 살아온 이의
남은 세월을 깍듯이 바쳐드려라
험준한 산꼭대기에 외로 서서
모진 눈바람이나 맞다가
서서히 사위어 가기 보담
그렇게라도 덕을 쌓으면
이 또한
선택받은 축복이 아니겠느냐

-2008. 3. 8 황악을 오르며

지팡이 · 4

천성이 곧지 못해
꾸불꾸불 자랐느냐
그 생김새 때문에
예인藝人의 선택을 받아
늙어 기운 없는 이의
길동무가 되었나
그렇게
그 업보
다 씻고 나면
반드시 다음 세상엔
큰 동량棟梁으로
다시 태어날 수 있으리
지팡이여
오늘을 서러워 말고
무한공덕 쌓거라
-2008. 3. 20 황악을 오르며

지팡이 · 5

반듯하고 꼿꼿할 적엔
지팡이를 하찮게 여겼다
봄 가고
여름 가고
좋은 시절 다 지나고 나니
지난 세월
남은 생애
고스란히
휘어진 지팡이에 의지한다
서산에 뉘엿뉘엿
해가 지듯이
내 생이 다하는 그 순간까지
온통
지팡이에 매달릴 밖에 없다
야위어 가는 손목보다도
더 가느다란
지팡이에
이렇게
애원하듯 하소하듯
내맡기는 내 삶이여

–2008. 3. 10 황악을 오르며

지팡이 · 6

지팡이를 짚고
허망함을 느끼지 않는 이 얼마나 될까
지팡이를 짚고
당당할 수 있는 이 얼마나 될까
지팡이를 짚고
허망함을 느끼지 않는 이
잘 살아온 사람이다
지팡이를 짚고
당당한 이
존경받아 마땅한 사람이다
누구나 늙으면
지팡이에 의지한다
지팡이는
그냥 늘그막의 필수품일 뿐이다
부끄러울 것도
기죽을 것도 없는 일이다

–2008. 3. 10 수향재에서

지팡이 · 7

가느다란 지팡이 하나에
한 생을 의지한다
찬란했던 족적도
힘겨웠던 기억들도
모두 다
서녘 하늘을 물들인
황혼에 다름 아니다
아무리 붉게 타올라도
황혼은
지는 해의 미련일 따름이다
황혼은
지는 해의 피눈물일 뿐이다

—2008. 3. 10 수향재에서

지팡이 · 8

컴퓨터를 열고
인터넷에 들어가면
꿈을 좇는 사람들이 많다
거기엔
전통을 사랑하는 사람도 많다
솟대에 빠진 사람
장승에 빠진 사람
지팡이에 매달린 사람
도자기에 매달린 사람
나름대로 정성을 다한
솜씨 자랑들을 한다
가상假想의 무한 공간을
유영遊泳하며
꿈을 좇는 사람들
그들이 있어
세상이
아직은 살만한가 보다

–2008. 3. 11 수향재에서

지팡이 · 9

때가 되면
덜 먹고 참견 말라고
이를 거둬 가데요
때가 되면
좋은 소리 싫은 소리
가려 들으라고
두 귀를 막아 버리데요
때가 되면
덜 봐도 된다며
눈을 가려 버리데요
아마도
차츰
세상의
미련 아쉬움 여정
한 겹 한 겹
슬슬 접어 버리라는
신의 섭리지 싶네요
고단한 육신
지팡이에 의지한 채
먼 산 너머
아지랑이 속의
저 길
미리 보아 두는 것도 괜찮을 테죠

-2008. 4. 2 수향재에서

지팡이 · 10

-名木의 선언

진실하게 살지 않은 자
동행을 거부한다
정의롭게 살지 않은 자
동반을 거부한다
사람답지 못한 자
부축을 거부한다
나 죽어 생명은 사라져 없어도
영혼은 살아 이렇게
두 눈 부릅뜨고 너를 보고 있다
부끄럽지 않은 사람
내게로 오라
떳떳하게 산 사람
내게 의지하라
내가 네 여생을
꼿꼿이 받쳐 주리니

-2008. 8. 20 수향재에서

아버지가 지훈이에게 주는 시

이 시들은 2002년 7월 4일부터 24일까지
(포항 호미곶에서 강화도 인진나루까지 591.5km)
동아제약 주관 제5회 대학생 국토 대장정에 나선
막내 지훈이(현 영남일보 기자)에게 격려 시로 주었음

아버지가 지훈이에게 주는 첫 번째 시

걸어라
지구의 저쪽 끝까지
걸어라
저 하늘 꼭대기까지
젊은 네가 나아가는데
고개도
산도
강도
장애가 되지 못한다
네 앞엔
오로지
파아란 하늘에
꽃구름 한가롭고
꽃과
새가 어우러진
널따란 들판이 있고
송사리
피라미
메기
붕어 헤엄치는
실개천이 있을 뿐이다
걸으면서 꿈을 키우고
걸으면서 젊음을 확인하고

걸으면서 의지를 다지거라
나아가면서 생각하고
나아가면서 삶을 깨우치고
나아가면서 존재를 확인해라

-2002. 7. 6. 03:00 守鄕齋에서 아버지 黃溪
사랑한다 지훈아

아버지가 지훈이에게 주는 두 번째 시

보라
고개를 젖히고
하늘을 보라
거기에
너의 찬란한 꿈이 피어 있지 않느냐

보라
머리를 숙이고
대지를 둘러보아라
거기에
너의 무한한 미래가 있지 않느냐

하늘이 있어
구름이 있고
바람이 불어
향기가 날린다

지평선이 맞닿는 곳까지든
수평선이 끝나는 곳까지든

걸어라
뛰어라
그리고 날아라

세상은
보다
멀리 보는 자의 것이다
세상은
보다
높이 나는 자의 것이다
세상은
보다
날쌘 자의 것이다
세상은
보다
성실한 자의 것이다

천지는
온통
젊은 너의 것이다

-2002. 7. 6. 13:45 守鄕齋에서 아버지 黃溪
사랑한다 지훈아

아버지가 지훈이에게 주는 세 번째 시

또다시 앞을 보아라
너를 낳아 준 산이 있을 것이다
옆을 돌아보아라
너를 길러 준 엄마 품 같은 들이 있을 것이다
또
네가 무심히 지나온 뒤를 돌아보거라
너를 예까지 이끌어 준 강이 있을 것이다

그래
너의 뼈와
너의 살과
너의 영혼을 채워주려고
산과 들
그리고
강이 생겨났을 터이다

이토록 고마운
조국의 산하를
샅샅이
세세히 보아 두거라

나와 네가 태어났고
너와 내가 오래도록 살아갈

이 땅의 아름다움을
눈이 시리도록 보아 두어라

그 숲에서 들려오는
매미소리도 귀담아 들어두고
아무도 돌보지 않는
들꽃 한 송이도
눈여겨 보아 두어라
그 위를 춤추듯 나는
나비 한 마리
잠자리 한 마리도 놓치지 마라
그 모두가
다시없는
길동무니까

-2002. 7. 9. 02:26 守鄕齋에서 아버지 黃溪
사랑한다 지훈아

아버지가 지훈이에게 주는 네 번째 시

가라
한반도에서
가장 먼저 해가 떠오르는
호미곶을 떠나
단군성조께서
천신제天神祭를 지내던
참성단이 있는 강화까지
천사백 리
조국의 넉넉함에 고마워하며
가라
너희가 꿈꾸는 미래를 향해 가라
산모롱이 하나를 돌면
나리꽃 한 송이가
너희를 반길 것이다
강 줄기 하나를 가로 건너면
물새 한 마리가 너힐 반길 것이다
가라
너희에겐 나아갈 앞이 있지 않느냐
한 걸음 한 걸음
내딛을 적마다
젊음에 환희하고
또
순간 순간을 기뻐하라

이제
강화가 멀지 않았다
마니산이 보이거든
그땐 스스로를 찬미하라
가라
그 행복한 순간을 향해
가라
그 가슴 벅찬 감동을 향해

–2002. 7. 10 守鄕齋에서 아버지 黃溪
사랑한다 지훈아

아버지가 지훈이에게 주는 다섯 번째 시

포항에서
영덕 청송을 거쳐
안동을 지나
예천에 이르렀겠구나
그 곳은
이 땅에서 짧게 살다간
네 할아버지의 안태고향安胎故鄕이다
'예천군 유천면 마천리 ×××번지'
아버지가
네 엄마와 결혼하여
전적轉籍을 할 때까지
아버지의 본적란에
네 할아버지의 그림자처럼
길다랗게 누워 있던 주소란다
그 주소는
늘
아버지를 우울하게 했고
언제나
슬프게 했었다
어쩌면
아버지가
지금껏
소설가의 길을 걸어온 것도

그
음울했던
주소 때문이었는지도 모른다
아무튼
60년 가까운 아버지 평생에
선고향先故鄕이냐고
두어 차례 다녀온 게 전부이다
살면서
네가
그 곳에서
밤을 지새는
연緣이 있을 줄
정말
꿈에도 몰랐다
우연이라기 보단
필연적으로 머물게 된
그 곳에서의 밤
꿈길이라도
고왔으면 좋겠다

* 네가 무심히 스쳐온 청송은 시조 할아버지가 터잡은 본향本鄕이다.

–2002. 7. 12 守鄕齋에서 아버지 黃溪
사랑한다 지훈아

아버지가 지훈이에게 주는 여섯 번째 시

별이 아름다운 밤이면
고향 길이 짧아진다
별이 아름다운 밤이면
꿈길마저 곱게 열린다
빛바랜 사진 같은
지난 기억들이
별처럼
고향처럼
꿈처럼
영롱하게
포근하게
달콤하게 다가온다
별이 아름다운 밤이면
그리운 사람이
더욱
그리워진다

-2002. 7. 15 守鄕齋에서 아버지 黃溪
사랑한다 지훈아

아버지가 지훈이에게 주는 일곱 번째 시

경도 127.3도
위도 36.8도쯤을 지나며
굵은 땀방울을
감당하지 못할
네 모습이 선하게 그려진다
상주尙州에서 보았던
새까만 네 얼굴은
여태껏 보아온
그 어떤 모습보다
미더웠고
자랑스러웠다
호미곶이
등 뒤로 멀어진 만치
강화는
성큼성큼
다가오고 있다
힘을 내어라
그리고
멀리 보아라
강화 저 너머
서해를 보라
아니다
중국 대륙 그 너머

너머를 보라
호연지기를 키워라
푸르고
높다란 꿈을 품어라
보다
더
부쩍
성숙하여라
하늘과 땅을
한 가슴에 담아라
세상은
모두
스물네 살
너의 것이다
남은 시간
남아 있는 길을
열심히 걸어라
성실히 걸어라
신나게 걸어라

-2002. 7. 16 守鄕齋에서 아버지 黃溪

사랑한다 지훈아

아버지가 지훈이에게 주는 여덟 번째 시

포항
영덕
영양
청송
안동
예천
상주
보은
청원
청주
천안
아산
평택 화성
미처
들어보지 못한 지명
일찍이
알지 못했던 땅을 많이도 밟아 왔다
이제
나흘의 일정
110여 km
270여 리가 남았다
가다가 지치거든
좋았던 기억을 떠올려라

걷다가 힘들거든
그리운 얼굴을 떠올려라
생각마저 무겁거든
그냥
걸어라
걸으면서 철학을 깨우치고
진리를 깨달으면
더 좋은 일이고
어차피
한 발짝 나아가면
나아간 만큼
갈 길은 반드시 짧아진다

–2002. 7. 21. 02:28 守鄕齋에서 아버지 黃溪
사랑한다 지훈아

아버지가 지훈이에게 주는 아홉 번째 시

여름의
한복판을 헤집고
멀리도 갔구나
오늘밤은
인천의 하늘 자락을
이불인 양
보듬어 덮고
낯선 길을 헤매듯
별자리를 찾겠구나
북극성
저 맞은편쯤에
고향이 있을 것이다
오리온
그 옆에
옆쯤에는
네가
그토록
그리워하는
모두
모두가 있을 것이다
도심의
눈부신 불빛이
고향 길을 어둡게 해도

고향은
꿈길 같은
저 하늘에 남아 있는 것
아들아
영롱한 별빛을 받아 삼키며
남은 길을 가거라
아들아
해맑은 아침 이슬을 받아 마시며
힘 얻어
나아가거라

−2002. 7. 21 守鄕齋에서 아버지 黃溪
사랑한다 지훈아

아버지가 지훈이에게 주는 열 번째 시

등짐이 무거우면
짐을 벗어 던져라
번뇌가 무거우면
번뇌를 내려놓고
갈등이 버거우면
갈등 또한 내던지고
욕심도
욕망도
짐 되는 건
다 버려라

너한테
남아야 할 건
무색無色의 진실뿐이다
너한테
남아야 할 건
싱싱한 젊음뿐이다
진실은 색깔이 없어
무게를 느낄 수 없고
젊음은 싱싱하여
짐이 되지 않으리

끝까지

떨어지지 않는
네 안의
미운 생각은
강화 앞 바다에
설렁설렁 씻어 버려라

—2002. 7. 21. 21:33 守鄕齋에서 아버지 黃溪

사랑한다 지훈아

아버지가 지훈이에게 주는 열한 번째 시

간밤엔
장대비가 억수같이 내리더니
날 새자
시침 뚝 떼고
햇살 아름 쏟아지더라
중복 땜
더위 하느라
온종일 무더웠다
가만 있어도
견디기 힘든
이 복중伏中 길을
땀으로
목욕할
네 고통이 오죽할까
하지만
마니산은
저만큼 다가와 있다
인진나루에
발 담그는
그 순간까지
희망을 가지거라
용기를 잃지 마라

–2002. 7. 21. 22:56 守鄕齋에서 아버지 黃溪
사랑한다 지훈아

아버지가 지훈이에게 주는 열두 번째 시

어제는 화창하더니
오늘은 비가 온다
7월 장마 변덕스러움에
마음이 천근 같다
그 속을
헤집고 나갈
네 걱정도 되고…
아들아
이제
눈앞에
서해가 보이지 않느냐
너희의
종착점인
강화가
저어기 있다

* 오는 24일(음력 6월 보름날)은 네 스물세 번째 생일이다. 생일 축하한다. 집행부에 얘기하면 Cake을 사다주는 모양이더라. 그렇게 하여 너희 조원들끼리라도 함께 하거라. 완주하는 날이 네 생일인 것, 또 다른 의미로 와닿는구나.

—2002. 7. 22. 12:22 守鄕齋에서 아버지 黃溪
사랑한다 지훈아

아버지가 지훈이에게 주는 열세 번째 시

온종일
장맛비가 오락가락하더니
밤이 되자
유난히
개구리가 난리다
엄마 아빠 고모 이모
다 모인 듯
개골개골
개골개골
온 밤을 휘젓는다
그 사이사이로
시간 잃은 매미도
한몫을 한다
정겨운
이 소리들 자장가 삼아
고운 꿈꾸면서
푹 자거라

–2002. 7. 22. 00:44 守鄕齋에서 아버지 黃溪
사랑한다 지훈아

아버지가 지훈이에게 주는 열네 번째 시

아마도
지금쯤은
인진나루에 닿아
완주完走를 자축하고
함께 한 동반자들을
뜨겁게 축하하고 있겠구나
스무날 밤을
찬이슬 맞아 가며
바깥 잠을 잔
보람에 겨워하고
스스로를 대견해 하겠구나
그래
그 일은
대단한 일이었다
대견스런 노릇이었다
장한 쾌거였다
해돋이 동네에서
해넘이 마을까지
동서를 가로지른
대장정이었다
스무세 해
네 생애 동안
가장

값진 경험이었고
가장
아름다운 추억이 될 것이다
591.5km
1400리
국토 도보 횡단
멋진 행보였다
진정한 사나이로
다시 태어났음이다
이제
네 생의 진로를 향해
묵묵히 묵묵히
나아가는 것이다
불굴의
의지로
그렇게 그렇게
나아가는 것이다

-2002. 7. 24 守鄕齋에서 아버지 黃溪
사랑한다 지훈아

사랑 마당

낙서

바람 한 점 없이
무료하고 따분한 날에
일상日常을 벗어나고 싶어
열차를 탔다

일찍이 서너 번 찾았다가
헛걸음만 했던
용인龍仁에 있는 등잔박물관이 목적지다

며칠 전
은행 지점장으로 있는
의제義弟와 동행을 약속해 놓은 터이다

숨 가쁘게 밀려나는 산하山河에 겹쳐서
차창을 비껴 흐르는 시간을 본다

빛이 되었다가
그림자가 되었다가

앞이 되었다가
뒤가 되었다가
꿈이 되었다가
절망이 되기도 한다

보라색이 되었다가
검정색이 되었다가

희喜와 비悲
낙樂과 애哀

만남과 이별 같은
혼란이 엄습한다

그것들은 불청객되어
내 영혼 깊숙이 비집고 들어온다
-2007. 1. 13 수원행 열차 안에서

산다는 것은 이런 것인가 봐요

어느 사이
머리 위에
낙조가 드리우네요

천하가
온통
내 것인 줄 알았는데
거울 속에 비치는 자화상自畵像은
천생
세월을 비껴가지 못한
초로初老의 모습이네요

산다는 것은
결국
이렇게
잠시 잠깐
피었다 지고마는
벚꽃 같은 것인가 봐요

되돌아보면
지나온 날들이
너무나 짧기만 한데
나는
이제

이렇게
길 떠날 채비를 할 때가 되었나 봐요

이른 봄
어미 닭이 쪼다 뱉은
햇살 같은
이 세상의 미련
가져 가기엔
너무 무거운 여정餘情
아직은
두고 가기에
아쉬운 사랑까지
맘 편하게
훌훌히
다
내던지고
그렇게 그렇게
가볍게 떠날까 봐요

산다는 건
고작
이만큼 뿐인가 봐요

–2007. 3. 27

훗날을 위한 소망

영아야
지금
우리가 맞고 떠나보내는
이 순간
순간들을
애틋이 사랑하자

너
하루 온종일
나만을 생각하고
나
365일
너만을 그리며 살자구나

때론 연분홍빛
아련한 목마름이 되고
때론 보랏빛
가슴 태우는 열병이 되고
또
더러는 새까만 숯검댕이로
무너져 내리더라도

먼 훗날
지금보단 훨씬 한가로운 때

좋은 기억
차곡차곡 접어둔 추억
가슴 한 가득 껴안고
빛살 보드라운
창가에 앉아
흔들의자 앞뒤로
살살 굴리면서

"그래 그때 우린 티 없이
해맑은 사랑을 나누었어
그래서 마냥 좋았고
그래서 한껏 행복했었어"

언제까지나 깨고 싶지 않은
고운 꿈같은
내 지난 세월을 되새김질하며
나 몰래
번지는 입가의 웃음이
끝내 눈물되어
두 볼을 적시더라도

영아
우리 그 어느 즈음을 위해
청아하고

상큼하고
향기 드높은
너와 나
우리되어 사랑을 하는 거야

청사青史에 길이길이
그 이름 떨치소서

어제가 오늘이고
오늘이 내일인데
사람들은
시간마다 선긋기를 좋아하고
날마다
이름을 달리하길 또 그렇게 좋아한다

한 칠이나 첫돌이나
갑년甲年이나 종심從心이나
그 날이 그 날인 걸
의미는 왜 새기는지

아직도 좋아서 일에 빠져 지내고
아직도 열정이 끓어
기운 펄펄 넘치면

그게 청춘이고
그게 젊음인 것을

어깨에 얹힌 세월
점點이 되고
선線이 되고

석봉石峰도 안진경顔眞卿도
못 건널 강 아니고
추사秋史도 왕희지王羲之도
넘지 못할 산 아닐 거

청사靑史에 길이길이
그 이름 떨치소서

임이 가시는 길엔
불타佛陀께서 계십니다

-南石 형님의 古稀日에 佛心을 담아 바치는 詩
2007. 4. 19

스케치sketch

초록이 5월의 신부같이 싱그러운 날에
기차를 타고 대구大邱를 간다
고여 있는 일상日常의 시간을 떨치고
한국 서단書壇의 거목 남석南石 형님을 만나러 간다
어깨를 짓누르는 삶의 무게를 덜고
뒤로 밀리는 산 내 들을 감상 좀 하려는데
건너편 옆자리에 좌석을 맞대고 앉은
여학교 동창으로 뵈는 50대 주부 셋이서
남의 이목은 아랑곳없이 수다가 한창이다
본의 아니게 엿듣게 된 그 수다가 흥미롭다
학창 시절 짝사랑했던 미술선생 이야기
아직도 품안에 있는 자식들 자랑
새로 산 세탁기며 김치냉장고 얘기
막 끝난 적립식 보험 넣어 손해 본 이야기
짠순이 10년 만에 평수 늘린 아파트 자랑
남남된 지 오래된 남편 험담 또 험담
간혹은 그 옛날 연애할 때가 생각난 듯
애인한테 아는 체하며 써먹던 말도 양념삼아 한다
플라톤 토스토에프스키 토인비 칸트 베토벤 마르크스
누구나 아는 이름들 띄엄띄엄 죄 들먹인다
무에가 그리 재밌을까 연신 깔깔 숨 넘어간다
무슨 할 말이 그리도 많은지 과자 먹고 빵 먹고
음료수로 입 적셔 가며 끝날 것 같지 않은

아줌마 아줌마들의 수다 수다 수다
친구끼리 따로 흘려보낸 그 숱한 세월들을
한꺼번에 다 나눌 작정인가 보다
심중의 한마디까지 모두 털어놓고 싶은가 보다
그래, 어차피 가는 세월 이런 때도 있어야지
낯선 사람들한테 좀 미안한 게 대수냐
이 여행이 끝나면 또 밋밋한 일상으로 돌아가야 될 텐데

-2007. 4. 23 대구 가는 기차 안에서

오 오, 통제여라

–못난 인간들이어라

1

낚시를 가선 안 될 사람들이
호수와 강과 바다를 찾는다
아침에 집을 나설 적엔
모양새가 제법 그럴 듯하다
커다란 룩색을 가득 채우고
크기가 다른 여러 개의 낚시 가방과
뜰채, 깔개까지 꼼꼼히 챙겼다

어디에 자릴 잡더라도
전혀 불편이 없을 것 같은 차림새
낚시터를 내 집 안방처럼
누구보다 아낄 것 같다
그런데…
그들이 앉았다 간 자리는
실망 또 실망 실망뿐이다

비닐봉지 비어 있는 캔 빈병
라면 껍데기 먹다 남은 김치
음식 찌꺼기
포도즙 배즙 봉지에
과자 빵 봉지까지

양식 없고 생각 없는
인생 무자격자들한테
화가 치민다
울분이 솟구친다

2
산을 올라선 안 될 사람들이
산을 오른다
집을 나설 때 당당한 태도
멋진 모습으로 봐선
정말로 산을 아끼고
무척이나 산을 좋아하는
사람으로만 보인다
산을 올라 배낭 가득 채워간 것들로
배를 채우고 나서
한 무더기 온갖 쓰레기들을
신성한 산 속에
아무렇게나 내버린다는 건
상상이 되지 않는다

콩알보다 훨씬 큰
물방울 다이아를 끼고 다니면 뭣하고
캐딜락 벤츠를 타고 다니면 뭣할까

머릿속이 빈 깡통이고
의식이 캔 따개인 걸

낚시를 가선 안 될 인간들이
낚시터를 버려놓고
등산을 해서 안 될 인간들이
산에 올라 산을 망쳐 놓는다

오 오, 통제여라
못난 인간들이어라

–2007. 4. 26

사랑 · 5

좀 유치하면 어때요
남들 보기에
어린애들 소꿉놀이 같으면
또 어때요
우리 사랑이

너와 나 한 생각으로
따뜻이 손잡으면
그게 바로 사랑인 것을
너와 나 포근히 껴안아서
서로 너무 행복하면
그게 바로 사랑인 것을

아무리 영원한 생生도
사랑도 없다지만
떨어져 있으면
애타게 그리웁고
같이 있으면
별을 딴 듯 달을 품은 듯
더 없이 좋으면 사랑인 것을

이성理性은 저만치 밀쳐두고
감성과 감정만으로 받아들이면

그게 바로 그것이 바로
사랑이 아닌가요

언젠가 한참 세월 흐른 뒤
그 사랑이 착각이었고
그 사랑이 스스로 덧씌운
환상이었단 걸
알고 또 깨달았다 해도
너와 내가 함께 했던
그 순간 순간들은
끝끝내 잊지 못할 추억으로 남겠지요

그래서 연짓빛 사랑을 하고
그래서 목마르게
보랏빛 그리움을 간직한 채
그렇게 그렇게
사는 것 아닌가요

–2007. 5. 21

사랑 · 6

사랑이 별거겠니
사랑이 별거겠니

생각만 해도 가슴 설레면
그게 바로 사랑인 거야

사랑이 별거겠니
사랑이 별거겠니

안 보면 보고 싶고
만나서 헤어지기 싫으면
그게 바로 사랑인 거야

네가 기뻐할 때
내가 행복하고
네가 우울할 때
내 가슴이 찢겨지면
그게 바로 사랑인 거야

사랑이 별거겠니
사랑이 별거겠니

손끝 맞닿아
전기 찌르르 통하면
그게 바로 사랑인 거야

마주친 눈빛 뜨거워지면
와락 껴안고 입맞춤하고 싶은 것
그게 바로 사랑인 거야

사랑이 별거겠니
사랑이 별거겠니

아무 것도 준 것 없고
아무 것도 받은 것 없어도
네 것 내가 다 갖고 싶고
내 것 네가 다 갖고 싶으면
그게 바로 사랑인 거야

언젠가 우리
이 세상 떠나는 날
너는 나를
나는 너를
품안 가득 꼬옥 품고
편안하게 눈 감을 수 있으면
그보다 더한 사랑 또 어디 있겠니

–2007. 7. 20

사랑 · 7

정말로
아직
난 사랑을 몰라요
너와 함께 한
그 많은 시간들을
신이 내려준 더 없는 축복인 줄 알았어요

전화 없이 지낸
얼마 만에
우리는
아주 멀고 먼 남이 되어 있대요

정말로
아직
난 사랑을 모르나 봐요

그리움이 꽃잎에 내려앉아 이슬이 되고
그리움이 은빛 물결 갈밭이 되고
그리움이 밤하늘에 닿아 별이 되는

철부지 소녀 같은
그런 사랑
무지개 너머에 있는

그런 사랑
아직도 꿈꾸고 있어요
아직도 소망하고 있어요

정말로
아직
난 바보인가 봐요

정말로 아직
난 사랑을 모르겠어요
–2007, 개천절에 황악을 오르며

사랑 · 8

네가 못 견디게 그리운 밤엔
꿈길마저 아득하다
멀어져 간 잠의 끝자락에 매달려
안타까움에 온몸을 떤다
누군가를
미치도록 사모하는 건
이토록 불면의 늪을
허우적이는 애태움인가 보다
누군가를
진정으로 사랑한다는 건
이성理性으론 어쩔 수 없는
피 말림인가 보다
네가 유난히 그리운 밤은
하얗게 아무런 생각이 없다
네가 유난히 그리운 밤은
머리 속은 온통
어둠보다 더 짙은 검정색이 된다
그래도 사랑은
연짓빛으로 포장된
너로 가득 채운 선물상자 같은
설렘으로 다가온다

−2007, 동짓날에 황악산을 오르며

이 세상에 너 있어

세상에 너 있어
꽃이 더 향기롭다
세상에 너 있어
음악이 더 아름답게 들린다
세상에 너 있어
밤하늘의 별이 더 빛난다

너 없는 이 땅에
꽃이 필까
너 없는 이 땅에
노래가 있을까
너 없는 밤하늘에
별인들 있을까

이 세상에 네가 있는 건
분명 나의 위안이다
이 세상에 네가 있는 건
틀림없는 나의 축복이다

이 세상에 네가 있어
이 세상에 내가 있다

−2007. 7. 22

누군가 나더러 왜 사느냐고 물으면

누군가 나더러 왜 사냐고 물으면
예쁜 꽃 한 송일 보려 살지요
또 누군가 나더러 왜 사냐고 물으면
밤하늘에 빛나는 별 하나를 갖고 싶어 살지요
그래도 누군가 나더러 왜 사냐고 물으면
내가 사랑하는 그 사람 있어 살지요
그런데도 누군가 나더러 왜 사냐고 물으면
나를 여태까지 좋아하는 이 있어 살지요

남보다 높은 자리에 앉아
거드름만 피우다 갈 순 없잖아요
남보다 많은 재물 모아
제대로 써 보지 못하고 갈 순 없잖아요
이름 석 자 얼굴 조금 알려졌다고
풍선만 타다 갈 순 없잖아요

당신은 교목喬木이십니다

분명히 큰 족적이었습니다
정말로 대단한 삶이었습니다
약관에 등단한 시인으로
스물여섯에
발들인 논객으로
전통무예 택견을
세계에 알린 스포츠맨으로
몸이 불편한 장애우들의 아버지로
바쁘게 보람차게
행복하게 사셨습니다
품이 넓어 벗들이 끓고
숲이 좋아 정인情人이 걸음하는
당신은 교목이요
당신은 인자仁者요
당신은 혜인惠人입니다

고고한 가을 하늘 빛보다 진한
쪽빛을 닮은 당신
한 세월 난향蘭香으로
누리를 덮으시더니
이제 겨레를
인류를
가슴으로 아우르는

당신은 진정 민립民笠으로 살아가십니다
내 영원한 맏형님
난주 형님
당신은 한 생을
참으로 열심히 성실히
위대하게 사셨습니다
고희古稀을 넘기고도
식지 않는 그 열정
손바닥이 아프도록 박수로
더 큰 박수로
응원을 보냅니다

–2007. 6. 18 난주 형님 칼럼집 〈한국 분명히
잘못 가고 있다〉 출판기념회를 다녀오며

의산毅山 형님이 그리운 날에

오늘은 문득 의산 형님이 보고 싶다
쾌남아
호남아
대장부로 각인되어 있는
젊은 날의 의산 형님
열정과 다정스러움이
살맛나게 하던 당신
그 열정
그 다정
부처님께 다 바쳐서
지금은 하늘에 닿는 깨달음의 길을 가신다

목탁소리 범종소리에
세속을 잊어가는
형님이 그리운 날은
현불사現佛寺 인경소리가
더 가깝게 들려옵니다
형님
의산 형님
우리 저 세상 가서
난주蘭洲 형님 남석南石 형님 모시고
4형제 한 터 잡아
형제촌 이루고 삽시다

이 땅에서 다 못한 얘기
이 땅에서 못다 나눈 정
나누고 주고받으며
또다시 한 세월
세상에 다시없는 형제로 살아갑시다

-2007. 7. 7

하늘바라기

하늘바라기

저 하늘이
티 없이
해맑은 건
맘껏
꿈을 펼쳐보라는
신의 배려 때문이야

저 하늘이
파랗게 물든 것은
더러
잃어버린
추억이 배어 있기 때문이야

저 하늘에
뭉게구름이 탐스런 것은
아직도 못다 잊은
첫사랑이 그리운 때문이야

학은 천년을 살면서
꿈과
추억과
그리움에 목이 말라
오늘도

한쪽 발 접어들고
하늘바라기를 하는 거야
-2007. 12. 28 桂亭 朴貞子 선생 서예전을 보며

봄 · 1

봄은
마른 풀잎을 타고
가슴에 살포시 안겨든다
버들개지보다 보드라운
3월의 바람결은
달콤한 밀어 섞인
사랑의 입김이다
그 바람 스친 자리마다
생명이 돋아난다
그 바람 어루만진
산과 들에
한껏
단장한 꽃들이 배시시 웃는다
봄은 이름 없는
남녘 어느 포구浦口의
싱그러운 갯내음을 살짝 묻혀서
스스로를 찬미하며
조용히
조용히 다가온다
보다
찬란한 성숙을 꿈꾸며
대지大地를 한아름 감싸 안는다

—2008. 3. 15 황악을 오르며

직지사역

직지사역에 가면
내 청소년기의
풋풋한
꿈의 편린들이 널려 있다
직지사역에는
내 학창 시절의
싱그러운 환호성이
세월을 비껴간 채
오롯이 남아 있다

그 옛날
그 철길 위를
힘겹게 내달리던 기차와
꿈과 애환을 함께 실은
오늘의
기차가 내달리는 속력은 달라졌지만

서울로 향하든지
부산으로 떠나든지
철길을 따라 흐르는
시간의 색깔은
예나 지금이나 변함이 없다

열차 바퀴에 밟혀서 흩어지는
햇살의 부스러기에서
나는 오래되지 않은
추억들을 끄집어낸다

많은 사람들을
맞고 보낸
그 자리에
언제까지나 남아 줄
나만의 소중한 기억이여

직지사역은
내 꿈과 소망
그리고
그리움이 숨쉬는
내 생의
다시없는 뜨락이다
-2008. 4. 18 황악산을 오르며

목련꽃 지는 날

바람 불어
목련꽃 지는 날
내 가슴
한 자락도
찢기어 나갔다
그 오랜 시간
해를 보고
달 보내며
봉오리로 부풀어만 오다
거룩하게 피어난 꽃
숭고한 꽃 목련꽃
열흘 채 넘기지 못하고
떨어진 꽃송이 받쳐들고
가버린 세월
서러워 울고
오는 시간
서러워 가슴이 아리다
지려거든 흔적이나 남기지 말지
그 커다란 잔해 들여다보며
허망함에 견딜 수 없어
또다시 목이 메었다
네가 나이고
내가 곧 너인 듯하여
–2008. 4. 23 수향재에서

금붕어
—뻥씨 일가를 위한 弔詩

뻥식이 뻥자 뻥순이
삼 년 넘게 불러온
친숙한 이름들이다
공 들이고
정 듬뿍 든
금붕어 세 마리
한 달 안에
차례차례
인연의 끈을 자르고
내 기분 아랑곳없이
떠나간 뻥씨 일가
너희로선
천수를 다했을 터이지만
보내는 이 마음이
쓰라리고 아픈 건
어쩔 수가 없구나
붕어 한생이나
사람 한생이나
허망하고
부질없긴 매한가지더라
사는 게 죽은 것이요
죽은 게 사는 것이라면
굳이 다음 생에

다시 올 건 뭐일까
이대로
편안한 자리 골라잡아
고운 꽃향기나 실컷 맡거라
이 땅에 왔다가
나와 함께 한
그 시간들 다 잊어버리고

—2008. 4. 25 수향재에서

하늘 꽃자리

구름꽃 피어나는
하늘 꽃자리
별이 있어 더욱 고운
하늘 꽃자리
예인藝人이 가꾼
가산 이 기슭
소강素岡의 꿈자리
루나네 집
아름답게 이어 남을
하늘 꽃자리
-2008 어린이날에

* 하늘 꽃자리 : 조각가 정은기 교수 당호
* 袈山 : 칠곡군 동명면 소재
* 素岡 : 정은기 교수 아호

오동꽃 지는 날

오동꽃이 지는 날
불현듯
까맣게 잊고 살아온
내 유년 적
기억이 오롯이 되살아난다
또래들과 어울려
노실고개* 언덕바지를
엉덩이로 반질반질
미끄럼 길 만들던 시절
그때는
정말 아무 생각이 없었다
그때는
정말 아무런 욕심이 없었다
아침이면 어김없이
해가 떠서 좋았고
밤이면 초롱초롱
별이 많아 그냥 좋았다
더러 바람 부는 날은
바람 불어 좋았고
눈비 내리는 날엔
그 색다름이 또 좋았다
그때는 정녕 몰랐었다
산다는 것은

이래저래
모두가 고통이란 것을
그땐 정녕
상상마저 되지 않았다
산다는 것 자체가
이토록 모두 욕심덩어리라는 걸
살아온 세월
이루었다 여기는 모든 것들
모두 모두
훌훌
다 던져버리고
저만치 아련한
내 유년의
그 시절로 되돌아가고 싶다
정말로 거짓 한 점 없는
내 어릴 적
동화 속으로 되돌아가고 싶다
아무도 밟지 않은 설원雪原 같은
내 유년의 뜨락으로 돌아가고 싶다
오동꽃은 오월을 다 넘기지 못하고
보랏빛 그리움만
한가슴 안은 채
저처럼 맥없이 지고 있다

서러운 내 추억까지
야속하게 거두어 가고 있다
　　　　　-2008. 5. 7 황악을 오르며

* 노실고개 : 김천시 남산동 소재

어느 Etranger의 노래

장미꽃
붉게 타오르는
대구역을 뒤로 하고
해지는
저
먼 하늘 마주하며
나를 태운 열차는
앞으로
앞으로
숨 가쁘게 내달린다
이 길이
장밋빛
내 미래였음 좋겠다
이 길이
누군가 맨발로 뛰어나와
나를 반기는 길이었음 좋겠다
이 길이
다시 돌아가지 않곤
배겨날 수 없는 길이었음
너무 좋겠다
해 저무는 서녘하늘처럼
쓸쓸함에 못 견디는
나는

별 수 없는
정말로 별 수 없는
영원한 에뜨랑젠가 보다
굳이
가고 싶지 않은 길을
어쩔 수 없이 가야 하는
나는
나는
나는—
—2008, 부처님 오시는 전날 대구에서 오는 열차 안에서

파도

태고의 신비에 감싸인 신화이어라 그대는
끊임없이 밀려오는 전설이어라 그대는
거대한 산더미로 다가왔다
산산이 깨어져서
한 방울 작은 포말로 사라지는
아직은 다 알 수 없는 수수께끼여라 그대는
어느 힘 있어 저토록 큰 파도를 만들었을까
어느 힘 있어 저 엄청난 몸통을 밀어 붙이는가
몰려오는 그대 앞에 서 있는 나는
자꾸만 자꾸만 작아진다오
그대와 마주한 나는

-2008. 5. 20 영동역 홈에서 바다 그림을 보며

산다는 것 · 2

산다는 것은
모처럼 큰 맘 먹고
친구들과 날 잡아
한껏 성숙해진
계절도 음미할 겸
콧바람 쐬는 것이다
산다는 것은
본디의 생각과는 다르게
싸다 싶은 트럭 만나서
제가끔 비닐봉지 찢어져라
참외 사들고 좋아하는 것이다
한쪽 어깨 축 늘어져도
무거운 줄 모르고
오로지 맛있게 먹어줄 가족들 생각에
신이 나는 것이다
산다는 것은 이처럼
언제든 젊은 나이 부끄러운 줄 모르고
주부 본연의 작은 욕심 부리는 정도다
어디서든 남 의식 않고 용감한
주부 본연의 모습을 잃지 않는 정도다
그래, 맞아
산다는 건 고작 이 정도뿐인 거야
–2008. 5. 30 황악산을 내려오다 직지문화공원에서

울산에서 스물한 시간

비에 젖은 울산을 아슴히 뒤로 하고
나를 태운 열차는 미지의 시간 속을 내달린다
마치 울산역 플랫폼에 눈시울 그렁그렁한
사랑하는 사람을 홀로 남겨두고 오는 듯
아쉬움 안타까움에 자꾸만 뒤가 돌아보였다

난계 오영수 문학제를 명분삼은
울산에서의 스물한 시간 남짓
좋은 벗들과 어우러져 너무 좋았다
두 어깨를 짓누르던 일상의 잡다한 무게
훌훌 다 벗어 던질 수 있어 더욱 좋았다
모처럼 영혼마저
갓 씻어낸 푸성귄 양 모공毛孔 활짝 열리더라

인구 백만 좀 넘는 공업도시 울산
하늘은 온통 까만 매연으로 뒤덮인 도시
거리를 가득 메운 인파 인파들
로마 그리스 신화 첫 머리에 나오는
혼돈의 시기로 치닫는 울산
나는 이런 지옥 같은 환경을 상상하며
가급적 울산에 머무는 동안
숨쉬기마저 절제하리라 속다짐을 했었다

맑고 도도하게 흐르는 태화강
가까이 다가서는 그림 같은 문수산
야단스레 키 재기를 하지 않는 도심
처가 동네에 온 듯한 편안함 앞에서
나의 무지 내 일방적인 편견이
얼마나 황당한 것인가를 자책해야 했다

넉넉한 품으로 하루 밤을 껴안아준 울산은
이제 두고두고 잊지 못할
첫사랑의 모습으로 남아 있다 내게
아, 울산은 울산은 울산은

–2008. 6. 21 오영수 문학제를 다녀오는 열차 안에서

여망餘望

언제고 내 역할이
모두 끝난 훗날
예쁜 꽃이나 나눠주는
꽃할아버지로 살다 가고 싶다
저절로 입이 벌어지는
감동의 꽃
얼굴 가득 웃음이 피어나는
기쁨의 꽃
고운 향기에 취해 버리는
꽃 세상을 만들고 싶다
살기가 힘드는 사람
짜증나는 사람
우울해 하는 사람들에게
기쁨과 편안함과 사랑을 나눠주는
행복의 메신저로 살다 가고 싶다
온통 꽃으로 뒤덮인 꽃세상에서
미워하지 않고 슬퍼하지 않아도 좋은
그런 세상을 만들고 싶다
내 명함에 당당히
'꽃할아버지'라 새기고 싶다

–2008. 7. 9 운동 중에 직지사에서

세상은 이제

세상은
이제
진실한 자의 것이다
세상은
이제
정의로운 자의 것이다
배려할 줄 모르고
사랑할 줄 모르는 자가
잘되는 세상
이제 끝났다
권력 있다고 생각하는 자
돈 있다고 생각하는 자
남들이 저를 알아준다
착각하는 자들 세상은
이제 모두 끝났다
부끄러운 것
진정으로 부끄러운 줄 아는 세상
미안한 것
진정으로 미안한 줄 아는 세상
고마운 것
진정으로 고마운 줄 아는 세상
이게 진정 사람 사는 세상이다
이게 진정 사람답게 사는 세상이다

-2008. 9. 2 수향재에서

김천의 노래

1
황악산 줄기줄기 서기 푸르고
가슴마다 찬란한 희망이 가득
직지감천 흐르는 넉넉한 터전
김산벌 전통 위에 깃발 드높다

2
만나는 얼굴얼굴 웃음꽃 피고
가슴마다 따스한 사랑이 가득
천만년 이어 빛낼 소중한 문화
세계로 미래로 뻗어 나가리

(후렴)
아 빛나거라 내 고향 김천
영원토록 빛나거라 우리의 고향

－김천시민의 노래 원작임

그리움도 쌓이면 짐이 된다 · 2

미워하리라 미워하리라
내가 널 사랑한 만큼
미워하리라
내 순백의 진심을 몰라준
너를 미워하리라
잊으리라 잊으리라
널 그리워한 날들을 모두
잊어버리리라
내 장밋빛 사랑을 외면한
너를 잊으리라

너로 하여 혼자서 속태웠던 그 시간
너로 하여 잠 못 이룬 그 많은 밤들을
말끔히 잊어버리리라
먼 후일 어느 때쯤
우연히 너를 떠올리며
추억 속의 괜찮은 사람으로
다시 기억하더라도
내 생의 무거운 짐 하나를 벗어놓듯
칠판의 글씨를 깨끗이 지우듯이
내 뇌리에서
너를 깨끗이 지우리라

-2008. 9. 4 운동하고 돌아오는 길에

내 고향 김천은

내 고향 김천은
하늘이 보살펴주는
천혜의 땅이다
내 고향 김천은
산 좋고 물 좋은
축복 받은 땅이다
내 고향 김천은
미래를 향한
약속의 땅이다
사람이 사람답게 사는
꿈이 있는 땅
희망의 땅이다
내 고향 김천은
생각하면 가슴 찡한
그리움이 꽃피는 땅
애정이 넘치는 땅이다
내 고향 김천은
첫사랑의 기억이
오롯이 살아있는
추억의 땅이다
-2008. 9. 5 황악산에서

그리움의 시편들—
심형준 시집 솟대

초판 1쇄 인쇄 · 2009년 1월 5일
초판 1쇄 발행 · 2009년 1월 10일

지은이 · 심 형 준
펴낸이 · 김 영 만

펴낸곳 · 지성의샘
등록번호 · 제4-233호

주소 · 서울시 중구 을지로 3가 302-18 난빌딩 303호
편집부 · (02) 2285-0711
영업부 · (02) 338-2734
팩　스 · (02) 338-2722
이메일 · gongamsa@hanmail.net

값 10,000원